KB253985

아프리카
25개국을 걷다

아프리카 25개국을 걷다

발행일	2025년 6월 18일		
지은이	박승훈		
펴낸이	손형국		
펴낸곳	(주)북랩		
편집인	선일영	편집	김현아, 배진용, 김다빈, 김부경
디자인	이현수, 김민하, 임진형, 안유경, 신혜림	제작	박기성, 구성우, 이창영, 배상진
마케팅	김회란, 박진관		
출판등록	2004. 12. 1(제2012-000051호)		
주소	서울특별시 금천구 가산디지털 1로 168, 우림라이온스밸리 B동 B111호, B113~115호		
홈페이지	www.book.co.kr		
전화번호	(02)2026-5777	팩스	(02)3159-9637
ISBN	979-11-7224-694-5 03930(종이책)		979-11-7224-695-2 05930(전자책)

(주)북랩 성공출판의 파트너

북랩 홈페이지와 패밀리 사이트에서 다양한 출판 솔루션을 만나 보세요!

홈페이지 book.co.kr • **블로그** blog.naver.com/essaybook • **출판문의** book@book.co.kr

---

작가 연락처 문의 ▶ ask.book.co.kr

작가 연락처는 개인정보이므로 북랩에서 알려드릴 수 없습니다.

아프리카
25개국을 걷다

박승훈 지음

북랩

서문

미지(未知)의 검은 대륙, 도전과 무한의 용기가 가득한 대륙, 피부색과 생활이 전혀 다른 땅인 아프리카(Africa) 대륙에 발을 옮기려면 상당한 각오가 필요하다.

검은 대륙인 아프리카 대륙의 최단(最端) 북동쪽 국가에서 지중해(地中海, Mediterranean Sea)를 따라 걸은 후에, 대서양(大西洋, Atlantic Ocean)을 바라보며 두 발로 대서양 연안을 따라 종단(縱斷)하여 검은 대륙의 최남단(最南端)인, 그 옛날 대항해(大航海)시대에 바다 사나이들의 희망인 남아프리카공화국의 케이프타운(Cape Town)에 위치한 희망봉(Cape of Good Hope)까지 대장정(大長程)의 발걸음이, 나의 인생에 또 다른 힘겨운 도전이다.

이미 나는 나의 저서(著書)인 『태평양에서 대서양까지』와 『실크로드를 따라 북극에 서다』에서 경험한 유라시아, 전(全) 유럽 대륙 및 아시아 전(全) 지역과 중동 및 중앙아시아 지역을 두 발로 걸어서 전부 경험하였다. 또한 『마도로스 박의 세계 일주』에서는 나의 직업상(선박 기관장) 선박에 승선하여 파나마운하를 통과하여, 지구를 한 바퀴 돌아 돌아 남(南)으로 남으로 희망봉(希望峯, Cape of Good Hope)을 바라보며 출발 지역으로 귀환한 경험이 있다.

이번 여정은 걸어서 아프리카 대륙의 최북단 지역에서 대서양 연안을 따라 최남단 희망봉까지 종단하는 대장정(大長程)이었다.

미지(未知)의 땅에서의 힘겨운 도전과 난관, 역경 및 좌절이 수없이 나의 앞을 가로막았으나, 나의 험난한 바다 인생에서의 난관과 역경에 비추어 이겨내고 남아프리카공화국(South Africa)의 케이프타운에 우뚝 솟은 희망봉(Cape of Good Hope)에 힘차게 두 발을 디뎠다.

검은 대륙을 종단하고 인도양(India Ocean)과 아프리카(Africa)의 외로운 섬, 마다가스카르(Madagascar), 모리셔스(Mauritius)에서 뒤돌아보니 검은 대륙 25개국을 걸어왔다.

2025년 6월

박응현

제3장

기니만(Gulf of Guinea)을 에둘러
사바나(Savannah) 열대우림을 뚫고 발길을 옮기다

제4장

검은 대륙, 적도를 따라
중앙아프리카의 자연과 동물들의 천국으로
발길을 돌리다

제5장

검은 대륙 종단의 끝인
희망봉(Cape of Good Hope)을 향하여 걷다

제1장

영원한 분쟁 지역인
시나이반도(Sinai Peninsula)를
건너다

1. 요르단(Jordan)

시나이반도(Sinai Peninsula)는 홍해(Red Sea)와 지중해(Mediterranean Sea)에 위치한 반도로 아프리카(Africa) 대륙과 아시아(Asia) 본토의 통로임과 동시에 종교적으로 중요한 곳이고, 검은 대륙, 즉 아프리카를 향해 걷기 위해서는 필히 발길을 옮겨야 하는 아프리카 대륙 이집트(Egypt)의 영토이다.

2024년 9월 가을. 검은 대륙 아프리카의 관문인 이집트의 시나이반도에 발을 내딛기 위해, 아카바만(Gulf of Aqaba)을 두고 서로 이웃한 국가인 중동 아시아(Asia)의 요르단 암만(Amman)에 첫발을 내디뎠다. 요르단은 중동에 있는 입헌 군주국으로, 이라크, 팔레스타인, 이스라엘, 사우디아라비아, 시리아와 국경을 접하고 있다.

1) 암만(Amman)

요르단의 수도로 요르단의 정치, 경제의 중심지이며 역사적 도시이다. 현대적 도시 풍경과 멋스러운 전통의 옛 시장이 중심지에 잘 어우러져 있다.

전통시장(Al Hussein)에 나들이 나온 삐약이들

전통시장(Al Hussein Bazar)의 알록달록한 풍경

다음 행보로 이집트의 시나이반도로 진행하기 위해 요르단의 서남부이며 시나이반도로 접근하기 용이한 거리에 있는, 유명한 고대 도시의 유적지인 '페트라(Petra, 바위)'로 이동하였다.

2) 페트라(Petra)

페트라(Petra, 바위)는 요르단 왕국 서남부에 위치한 고대 도시의 유적지로, 사막 속 붉은 사암(沙巖, Sandstone) 산을 깎고 내부를 파서 그대로 건축물을 만들었다고 한다. '페트라'라는 어휘는 그리스어로 '바위'라는 뜻이라 하며 세계 7대 불가사의 중 하나다.

시크(As-Siq, 협곡 통로)

알 카즈네(Al-Khazneh, 파라오의 보물 창고)

그레이트 템플(The Great Temple, 대사원)

파사드 거리의 외관들(Street of Facades)

오벨리스크 무덤(Obelisk Tomb)

해 질 무렵에 '페트라'를 뒤로하고, 택시로 근접거리에 있는 요르단 남부의 아카바항(Aqaba Port)으로 이동하여 운전기사의 친절한 도움으로 이집트 시나이반도행 여객선의 승선표를 구매하여 늦은 시간에 배에 올랐다.

목적지는 이집트(Egypt) 시나이반도의 뉴웨이바(Nueibaa, Nuweiba Port)이다.

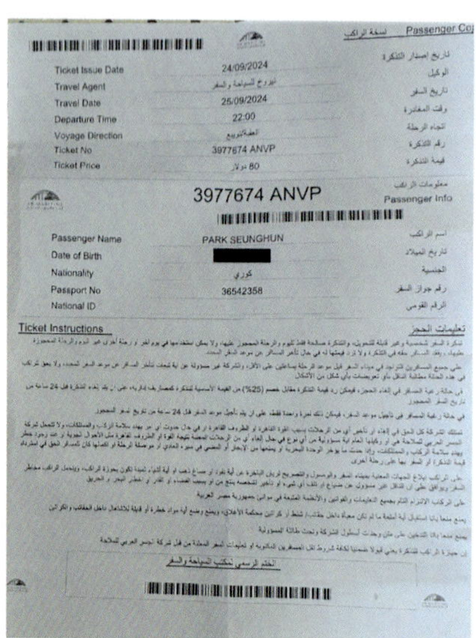

그런데 이집트의 입국 비자(visa)는 도착 비자가 가능하나 육로 국경으로 시나이반도로 입국하려면 사전 비자 발급이 필요하다고 공지하고 있다.

그래서 요르단 체류 시 이집트대사관을 방문하였었으나, 직접 방문 시에 비자를 취득하라 하여 그냥 배에 올랐었다. 우선 승선한 선박에 설치된 여권 취급 사무실에 여권을 제출하고 요르단 출국심사를 받고, 출항 후 이집트 도착 전 선박에 다시 설치된 입국사무소에 여권, 비용과 서류를 제출하였더니 배가 도착한 후에 선박 직원이 입국 비자가 날인된 여권을 건네준다.

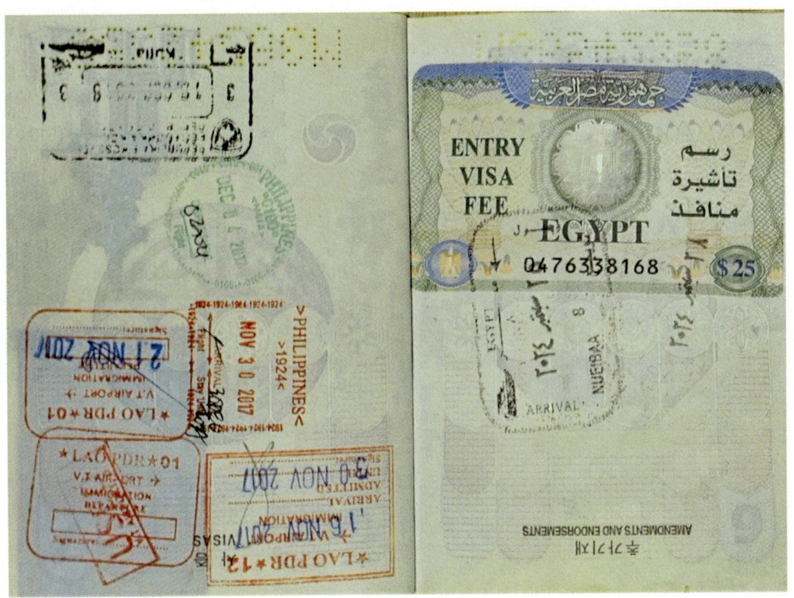

뉴웨이바(Nuweiba)항이 명시된 입국 비자

2.　이집트(Egypt)

이집트는 북아프리카(North Africa)와 서아시아(West Asia)의 시나이반도에 걸쳐 있는 나라로 약 5,000여 년 전부터 나일강 유역에 태동하여 유구한 역사를 지니고 있고 고대 이집트 문명을 꽃피운 국가이다.

1) 시나이반도(Sinai Peninsula)

시나이반도는 지중해와 홍해 사이에 있는 반도로 서쪽은 수에즈(Suez)운하와 수에즈만(Suez Gulf), 동쪽은 이집트(Egypt)-이스라엘(Israel) 국경과 요르단(Jordan)이 접한 아카바만(Aqaba Gulf)에 둘러싸여 있어서 고대로부터 아프리카(Africa)와 아시아(Asia)의 통로로, 역사 및 종교적으로 중요한 곳이며 이집트의 영토이다.

  뉴웨이바항(Nuweiba Port)을 빠져나온 후에 수도인 카이로(Cairo)로 가기 위해 고속버스 터미널로 이동하여 카이로행 버스에 몸을 실었다.

  과거에 선박 직업상 배를 타고 지중해에서 수에즈운하를 거쳐 홍해로 항해한 적이 있는데 지금은 차를 타고 수에즈운하를 머리에 이고 통과하였다.

수에즈(Suez)운하를 가로지르는
지하 터널 안내판

시나이반도의 이색 풍경

2) 카이로(Cairo)

 이집트의 수도로 나일강 물줄기의 시작점에 위치하고 있으며 아프리카 최대의 도시이고 역사적 도시이다.

◇이집트 대박물관(The National Museum of Egyptian Civilization, 고대 유물과 미라 전시)

고대 이집트 관리인 '세네드젬(Sennedjem)'의 미라

매의 머리를 가진 태양신 '라-호라크티(Ra-Horakhty)'

황금 미라 매장 유물

◇ **기자**(Giza), **네크로폴리스**(피라미드, 스핑크스)

기자의 대 스핑크스(Sphinx)

고대 이집트인의 생활상 벽화(피라미드 내부 벽화)

고대 이집트인의 이동 수단인 낙타와 피라미드

3) 몰타를 거쳐 튀니지로

아프리카(Africa) 동북부 지역인 이집트(Egypt)에서 지중해(Mediter-ranean Sea)를 따라 서북부 지역의 대서양(Atlantic Ocean)을 품은 모로코(Morocco)까지 두 발로 걷기 위해서는 리비아(Libya) → 튀니지(Tunisia) → 알제리(Algeria)를 거쳐야 한다. 그러나 이웃 국가인 리비아(Libya)는 여행금지 국가이다.

어쩔 수 없이 비행기로 튀니지(Tunisia)로 행보하여야 하는데, 튀니지 근접거리의 섬이며 지리적으로 북아프리카 관문 역할을 한,

유럽의 섬 국가인 몰타(Malta)를 방문하고 튀니지로 발걸음을 돌리기로 하였다.

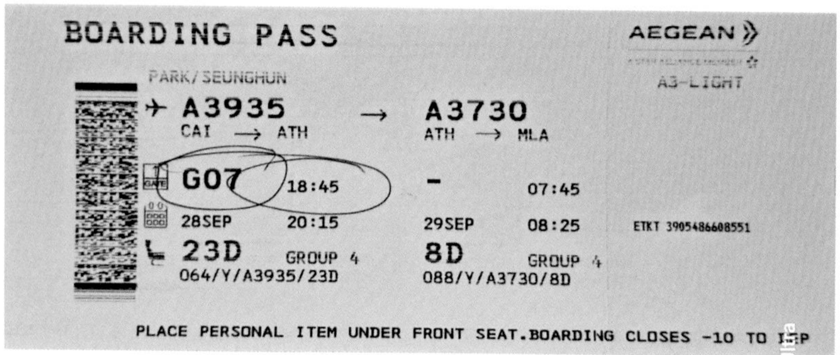

카이로(CAI) → 아테네(ATH) → 몰타(MLA)

3.   몰타(Malta)

몰타는 지중해 연안의 북아프리카 국가인 튀니지의 동쪽, 리비아의 북쪽과 유럽 국가인 이탈리아 시칠리아섬의 남쪽에 위치하며 1964년에 영국으로부터 독립하였다. 언어로 '아프리카 아시아어족'의 언어를 사용하고 문화는 대부분 이슬람 문화의 영향을 많이 받았지만 라틴(Latin) 문화의 영향도 많이 받았다고 한다.

1) 발레타(Valletta)

몰타에서 가장 큰 섬인 '몰타섬'에 있는 도시로 몰타의 수도이며, 16세기경 유럽풍의 종교적 특징을 그대로 잘 보존하고 있는 유적의 도시이다.

스피놀라 만(Spinola Bay)의 풍경

엑실스 만(Exiles Bay)의 중세 성당

슬리에마 해변(Fond Ghadir Beach) 경관

2) 튀니지로 이동

 다음 행선지는 검은 대륙 아프리카의 튀니지이기에 섬나라에서 하늘을 이용하였다.

몰타(Malta) → 밀란(Milan)

밀란(Milan) → 튀니스(Tunis)

4. 튀니지(Tunisia)

튀니지는 북아프리카 지중해 연안의 '마그레브(Maghreb) 3개국 (모로코, 알제리, 튀니지)' 중 하나로, 동쪽으로 섬 국가인 몰타(Malta)와 근접하고 있고, 남동쪽으로 리비아(Libya), 서쪽으로는 알제리(Algeria)와 국경을 접하고 있으며 이슬람교 국가이다. 국가의 상당한 지역을 사하라 사막이 차지하고 있고, 긴 해안선과 그 인근의 비옥한 토지로 구성되어 있어 고대로부터 중요한 역할을 해왔다고 한다.

1) 튀니스(Tunis)

튀니지의 수도로, 역사가 유구한 도시답게 많은 고대 유적지가 존재하고 바다에 접한 풍경과 잘 어우러져 있다. 또한 프랑스의 오랜 진출로 인해 유럽풍까지 더해진 활기찬 도시로 많은 사람들이 방문한다.

카르타고 국립박물관(Carthage National Museum)

카르타고(Carthage) 고대 유적지

루이 9세(St. Louis IX) 상

동굴 속 고대 조각상

기념품 가게에 전시된 장미석(Rose Quartz)

시내 주행 노면전차(트램, Tram)의 풍경

동굴 통로로 보이는 시장 전경

Boutique Maher 시장의 신발 판매 거리

2) 튀니지의 서쪽 이웃 나라인 알제리(Algeria)

육로로 국경을 통과하여 알제리의 수도인 알제(Alger)로 발걸음을 옮기려면 사전 입국 비자(visa)가 필요하다. 그래서 알제리대사관을 방문하였으나 입국 비자를 받을 수가 없었다.

우선 외국인의 경우는 합법적으로 튀니지 장단기 거주증명서(여행용이 아님)가 필요하고, 한국인의 경우에는 오직 한국에서만 주재(駐在) 알제리대사관을 방문하여 상당 기간 동안 신청하여야 입국 비자를 받을 수 있다고 거부를 하였다.

그래서 할 수 없이 비행기로 대서양 연안 국가인 모로코(Morocco)의 카사블랑카(Casablanca)로 여정을 옮겼다. 아프리카 여행 시 필히 '황열 예방접종(Yellow Card)' 증명서를 준비해야 한다.

튀니스(Tunis) → 카사블랑카(Casablanca)

제2장

대서양을 바라보며
사하라(Sahara) 사막을 걷다

5.　모로코(Morocco)

모로코는 북아프리카 국가로 북쪽으로는 지중해를, 서쪽으로는 대서양(Atlantic Ocean)을 품고 있다. 동쪽으로 알제리와 육상 국경을 접하고 있으며, 남쪽으로는 분쟁 지역인 서사하라(Western Sahara)와 접한다. 국교는 이슬람교이고 지리적 위치 때문에 아랍, 아프리카 및 유럽의 다양한 문화가 혼합되어 독특하고 인상적이다.

1) 카사블랑카(Casablanca)

대서양에 위치한 모로코의 최대 항구 도시이며 '하얀 집'을 뜻하는 이름이라고 한다. 수도는 라바트(Rabat)이지만 카사블랑카가 경제와 무역의 중심지이다.

하산 2세 모스크(Hassan II Mosque)

아랍 리그 공원(Arab League Park)

❶ 모로코 전통 복장을 한 거리 악사

❷ Quartier derb Omar 전통시장,
가지각색의 견과류

❸ 구(Old)시가지의 옛 성벽

❹ 도자기 용기 전문점

2) 서사하라행 버스 탑승

　대서양을 바라보며 육로로 국경을 통과하여 서사하라(Western Sahara)로 여정의 발길을 옮기기 위해 서사하라의 수도인 엘아이운(El-Aaiun 또는 Laayoune)행 버스에 몸을 실었다.

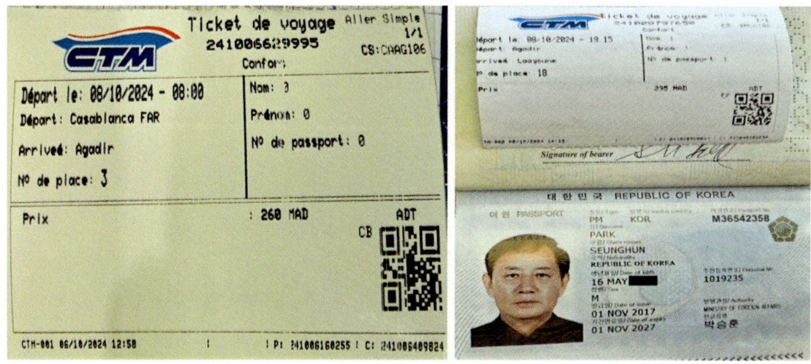

엘아이운행 버스표

6. 서사하라(Western Sahara)

서사하라는 아프리카 북서부 대서양 연안에 있으며 북쪽으로 모로코, 동쪽으로는 사하라 사막의 알제리, 남쪽으로는 모리타니(Mauritanie)에 둘러싸여 있다. 1976년 스페인(Spain) 식민지로부터 벗어난 후에 주변국들의 영유권 분쟁으로 알제리에 있는 망명 정권인 '사하라 아랍 민주공화국(서사하라)'과 실효 지배하고 있는 모로코와의 영유권 분쟁이 진행 중에 있다. 그런 역사적 상황에서 분쟁 국경을 통과 시 국경 검사관이 버스에 탑승하여 신분증을 검사하였으나 불편 없이 엘아이운에 도착하였다.

1) 엘아이운(El Aaiun, Laayoune)

서사하라의 명목상 수도로, 이웃 나라 알제리에 망명정부가 수립되고 과거부터 모로코가 침공하면서 실효 지배하고 있다.

사막 전통가옥

'에버뉴 하산 Ⅱ' 거리의 분수대

사막에 활짝 핀 꽃

엘아이운 관공서

2) 국경 도시 가가라테

　엘아이운에서 서사하라 사막을 종단하여 모리타니(Mauritanie)로 발걸음을 돌리기 위하여 국경 도시인 가가라테(Gargarate 또는 Guerguert)에 도착하였다.

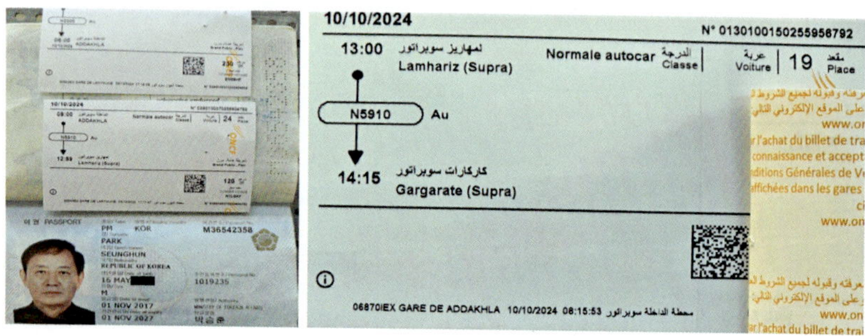
경유 버스표

모리타니는 사전 비자 없
이 육로 국경 입국 시에는 다
소 절차적 방법(현지인의 도움),
시간 및 고비용(아프리카 대부분
의 국가는 유로화 및 달러를 요구) 등

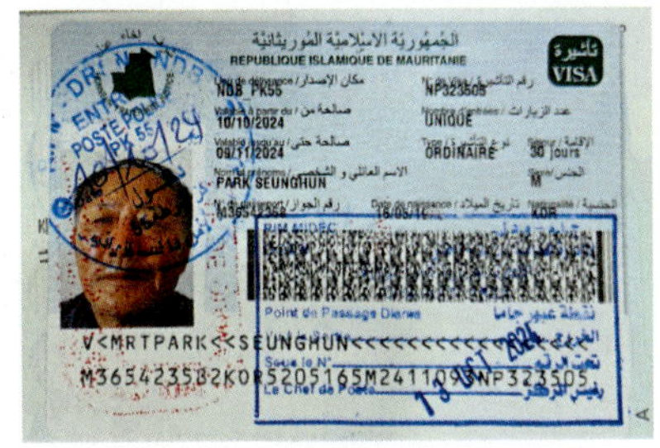

의 불편이 있었지만 입국 비자를 취득하여 무사히 입국하였다.

3) 모리타니 무사 입국

‘젠다메리에 모리타니언(Gendarmerie Mauritanian)’ 국경 입국사무소
(NDB PK55)의 입국 날인이 여권에 찍혔다.

7.   모리타니(Mauritanie)

모리타니는 북서아프리카의 서부 사하라에 있는 나라로, 서쪽
은 대서양, 북쪽은 서사하라, 남쪽은 세네갈, 동쪽과 남동쪽은
말리에 인접한다. 이슬람 공화국(Islamic Republic)으로, 국토의 대부
분이 사막이다. 그래서인지 국경에서 차를 빌려 타고 수도인 누악
쇼트(Nouakchott)에 도착할 때까지 아무리 주위를 돌아보아도 황
량한 사막뿐이다.

1) 누악쇼트(Nouakchott)

모리타니의 수도이며 사하라 사막의 최대 도시이다. 누악쇼트
란 말은 '거센 바람이 부는 곳'이란 뜻이라 한다.

전통 공예품들

누악쇼트의 거리 풍경

사막의 용사들

대서양을 바라보다

2) 세네갈 국경으로

누악쇼트에서 차로 국경의 로소(Rosso)를 거쳐, 무비자 입국 국가인 세네갈(Senegal)의 국경인 디아마(Barrage de Diama)를 통과하여 수도인 다카르(Dakar)로 발걸음을 옮겼다.

세네갈 국경인 디아마 댐(Barrage de Diama)

8.　세네갈(Senegal)

　　세네갈은 서아프리카 서단(西端)에 위치하며, 지형은 평탄하고 여름철에 강우가 있는 열대 사바나성 기후로 농업과 목축업이 잘 발달되어 식량 자원이 풍부하다.

　　사회적 분위기도 오랫동안 민주주의를 잘 유지하고 있어서 평화스럽고 온화하다.

1) 다카르(Dakar)

　　세네갈의 수도로서 대서양에 접해 있는 무역항으로 대서양 횡단 무역 및 유럽 무역의 중요한 항만 도시이다. 유럽풍의 아름다운 시가지와 항구 밖의 고레(Goree)섬에는 슬픈 역사가 묻어 있는 노예무역의 중개지 유적이 있는 도시이며, 검은 대륙 속의 활기찬 도시이다.

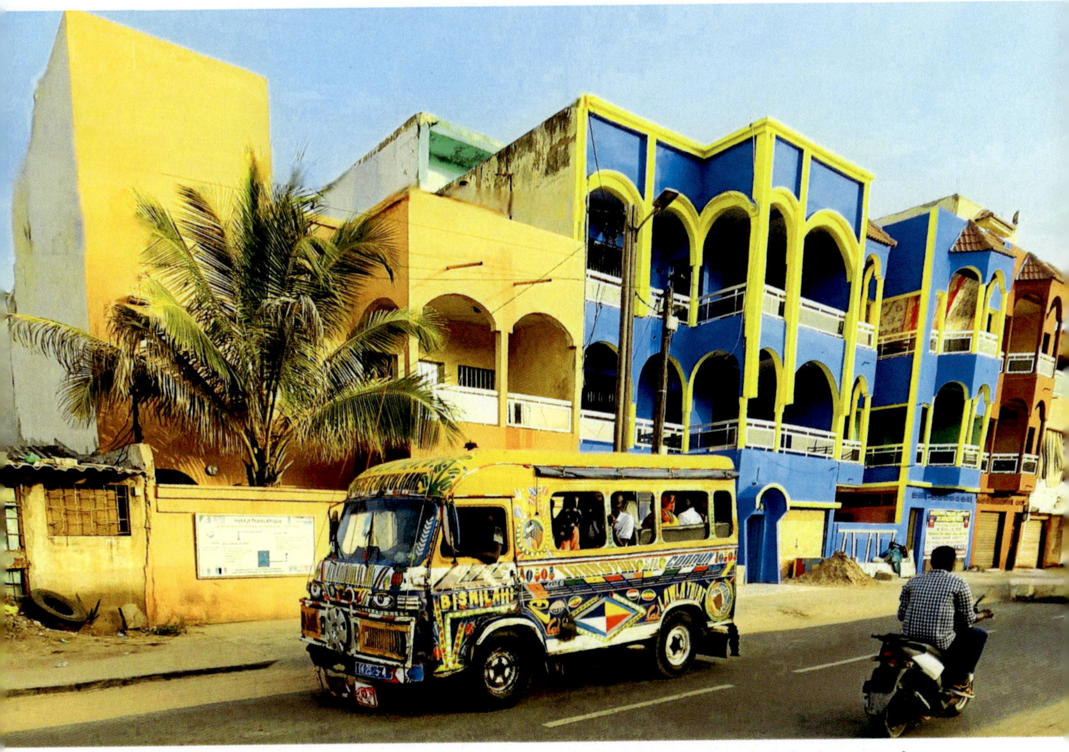

시내 거리를 달리는 화려한 대중교통 버스

전통 생활용품점

생선 파는 노점의 풍경

풍성한 수박을 파는 노상 가게

2) 비자 발급을 위한 모험

　검은 대륙을 계속해서 걸으려면 사전 입국 비자가 필요한 국가들이 많이 있다. 그래서 민주주의가 잘 유지되고 있는 세네갈에서 인접국들 사전 비자 취득을 실행하기로 하였다. 우선 세네갈 속에 위치한 감비아(Gambia) 국가 비자 취급 영사관을 방문하여 문의하니 애매한 답이 돌아온다. 또한 우리나라의 세계 각국 비자 상황의 공지에도 '사전 정부 인가 필요'로만 나온다. 그 결과로 비자 담당관의 개인적 권유로, 육로 국경에서 직접 입국 비자를 받으라 하여 모험을 하기로 하였다. 다음 방문지에 기니(Guinea)대사관이 있었는데, 까다로운 절차를 거쳐 오랜 시간이 경과한 후에 여권에 비자를 받을 수 있었다.

3) 감비아 국경으로

　수도 다카르(Dakar)에서 감비아(Gambia)의 수도인 반줄(Banjul)까지 가는 국제 버스에 몸을 실었다.

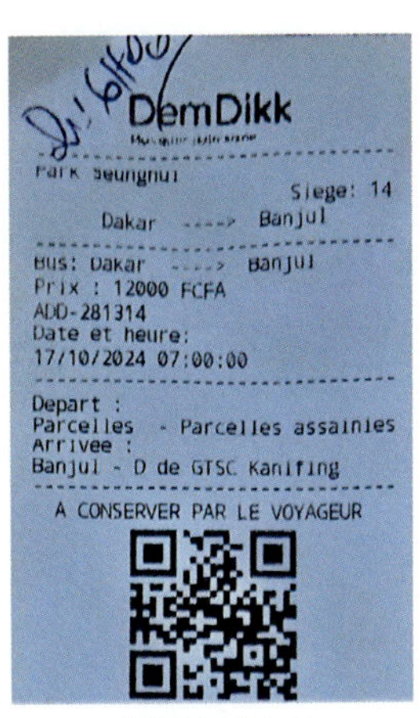

반줄행 버스표

세네갈 국경 도시 카랑(Karang)에서 출국 수속을 마치고 국제 버스에 다시 올라 감비아의 국경 출입국사무소로 향하였다. 국경 사무소인 암달라이(Amdalai)에 도착한 후에 모든 승객들이 전부 하차하여 각자의 행선지에 맞는 입국사무소로 발길을 옮겼다.

4) 우여곡절 끝에 감비아 비자 발급

나는 입국사무소의 안내에 따라 검사관 사무실로 안내되어 사전 입국 비자를 제출하라 요청받아서, 다카르에서 당신들 국가 비자를 신청하기 위해 대사관을 방문하였더니 국경 출입국사무소에서 처리하라 하여 그냥 왔다고 설명하였다. 그랬더니 나의 여권을 가지고 다른 사무소로 가더니 한참 후에 돌아와서는 내가 타고 온 감비아 반줄행 국제 버스를 먼저 보냈으니 나보고 약 3시간 후 오는 다음 버스를 타라 한다. 그러면서 여러 사무실 검사관들과 대면하여 질문을 받았다. 가타부타 언급 없이 한참 시간이 흘러 직급이 높은 듯한 마지막 검사관 사무실로 옮겨 갔었는데, '대한민국이 어디에 있는 국가이냐' 하고 묻는다. 그랬더니 옆에서 검문받던 차드공화국(Republic Of Chad)의 젊은 청년이 '삼성(Samsung)전자, 핸드폰'의 나라라 대신 답한다.

　조금 시간이 흐른 후에 검사관이
보조원에게 무어라 말하니, 나에게
같이 나가자 하더니 비자 비용을 지
불하는 창구로 가서 달러를 지불하
라 한다. 그런 후에 비자 발급 사무처
에서 여권에다 감비아 비자의 날인을
받았다.

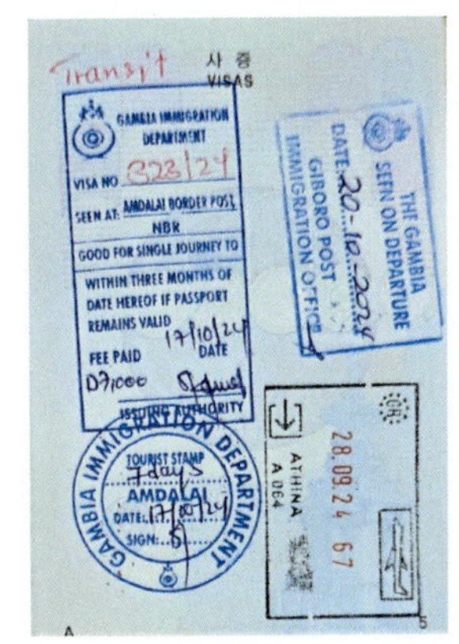

　다행히 다음 감비아 반줄행 국
제 버스에 올랐다. '바라(Barra)' 여객선 터미널에서 타고 온 버스
를 여객선에 싣고, 대서양으로 흘러가는 감비아강을 건너 반줄
(Banjul)항에 내려놓았다.

9. 감비아(Gambia)

감비아는 아프리카 서해안에 위치하며, 대서양에 접한 감비아 강의 하구를 제외하고는 전부 세네갈에 둘러싸여 있다. 대부분 이슬람교를 믿지만 기독교도 상당수 믿고 있어 공식적으로 두 종교의 존재를 인정하고 있다. 공용어는 영어이다.

1) 반줄(Banjul)

대서양으로 흘러가는 감비아강 어귀에 위치하고 있으며 감비 아공화국의 수도이다.

선명한 아프리카의 거미줄

카치칼리(Katchikally) 공원

습지에 무성하게, 아름답게 핀 연꽃들

주꾸미를 잡으려고 산처럼 쌓아놓은 조개껍질들

탄지(Tanji) 해변에 펼쳐진 어시장 풍경

2) 세네갈 남부 국경으로

감비아(Gambia)는 대서양 연안만 빼놓고 동쪽, 남쪽과 북쪽 지역 전부가 세네갈에 둘러싸여 있다.

그래서 기니비사우(Guinea Bissau)를 육로로 이동하기 위해서는 세네갈 남부 지역을 통과해야만 기니비사우로 발걸음을 옮길 수 있다.

반줄에서 승용차와 기사 겸 안내자를 임대하여 세네갈 남부 국경을 통과하여 지긴쇼르(Ziguinchor)로 발걸음을 돌렸다.

10. 세네갈(Senegal)

1) 지긴쇼르(Ziguinchor)

세네갈 남서부와 카사망스강 어귀에 위치한 휴양지 도시로 자연과 잘 어우러져 있다.

2) 기니비사우 입국 비자 발급

현지인의 안내로 지긴쇼르 시내에 위치한 기니비사우(Guinea Bissau)의 입국 비자 취급 기관을 방문하여 어렵지 않게 입국 비자를 받았다.

그런 후에 양쪽 국가 간 왕래 가능한 소형 승용차를 임대하여 기니비사우의 수도인 비사우(Bissau)를 향하여 발걸음을 디딜 수가 있었다.

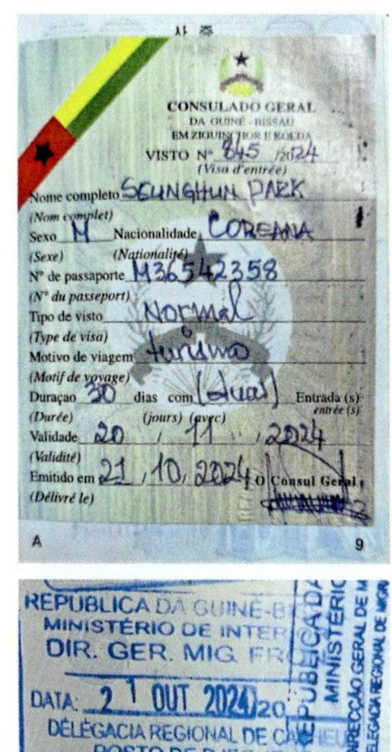

기니비사우의 비자,
Post de Djegue 입국 날인

11. 기니비사우(Guinea Bissau)

기니비사우는 아프리카 서쪽 끝 연안에 있는 공화국이고, 아프리카에서는 가장 많은 90여 개에 이르는 섬을 보유한 국가로, 수도는 비사우(Bissau)이다.

1) 비사우(Bissau)

대서양을 바라보는 곳에 위치한 주요 무역 항구이자 행정과 군사의 중심 도시로 기니비사우의 수도이다.

초가집 생활 풍경

사나운 침입자들을 막아온 외로운 성곽

끝없이 펼쳐진 황톳길

아프리카 개미집

2) 기니 국경으로의 험난한 여정

이웃 나라인 기니(Guinea)로 발걸음을 옮기기 위해서, 중부 도시인 가부(Gabu)에서 기니의 보케(Boke)행 국제 버스를 탈 수 있다는 정보를 얻었다. 소형 자동차를 빌려 가부로 이동하여, 버스 정류장에서 약 2시간 후에 출발한다는 기니의 보케행 9인승 소형 버스표를 구매할 수 있었다.

새로운 세계의 설렘을 안고 오래 기다려도 내가 타고 갈 승합차는 꿈쩍을 안 한다. 그래서 승차 사무소와 운전기사에게 문의하니 9명이 정원인데, 나를 포함해서 승객이 6명이라 3명이 더 차야 출발한단다. 그러다 보니 주위가 어둑어둑해져도 출발할 기미가 없어 결국 6명 모두가 쓰러져가는 창문 없는 대기실 나무 의자에서 쪽잠을 자야 했다.

다음 날 일찍, 정원이 채워지기를 기대하다가 6명 중 1명이 다른 계획 때문에 표를 취소하고 떠나버렸기에 앞이 캄캄해졌다. 마냥 기다릴 수 없어 나는 남은 젊은 승객들에게 내가 비용을 전담할 테니 다른 방법을 찾아달라고 요청하였

다. 그랬더니 기니의 젊은 2명이 동참하여서는 주위에 문의하여 가는 방법을 찾았다며 따라오라 한다.

그래서 우선 기니비사우 국경 지역으로 이동하는데, 지옥보다 더 지독한 시골 만원 소형 버스를(1990년식 한국 차) 3번이나 갈아타다 보니 나는 자신이 없어 무작정 뛰어내렸다.

그랬더니 같이 동행하기로 한 2명이 어렵게 오토바이를 구해, 국경을 넘기 위해 쿠에보(Quebo)란 곳에 도착할 수 있었다.

마을 앞 새와 둥지

동행한 젊은 2명도 자기 나라인 기니로 가야 하기에 우리는 한 일행이 되었다.

일행들이 현지인들과 오랫동안 협의하더니 나의 짐들을 비닐로 포장하여 타고 갈 오토바이 뒷좌석에 묶어놓고 타라 한다. 그런 후에 나를 안내하며 같이 동행한 후에 기니비사우의 쿤타바네(Cuntabane)란 초라한 출국사무소에 도착했다.

양국 원주민만 이용하는 듯한 초라한 사무소가 있었고 주위 길은 온통 뻘건 황톳길이었다.

우리 일행을 태운 오토바이는 기니비사우 국경을 떠나 사바나 열대 밀림의 좁은 오솔길 사이로 질주하였다. 일행 모두는 첫길이라 긴장하고 곧 도착하리라 생각했다. 그러나 움푹 파인 좁은 황톳길에 수시로 오토바이와 함께 넘어지고, 우거진 숲에 고개를 계속 숙이며 넘어지고, 다칠라 오토바이 운전자를 꼭 껴안았

다. 밀림 속 외나무다리를 아슬아슬하게 질주하고, 물이 무릎까지 차도 운전자는 익숙한 듯 물속을 헤쳐 나가기를 무려 약 5시간이 흘러도 멈출 줄을 모르는데 결국 앞서던 일행들이 오토바이에서 튕겨져 나갔다. 운전자는 헬멧을 착용했지만 우리 일행은 맨대가리였다. 다행히 큰 부상은 아니지만 밀림 속에서 오도 가도 못 하고 오직 직진해야 한다.

오직 작은 생수병만 가져왔기에 먹을 물도 없고, 어둠이 깔리니 억수 같은 비가 내려 눈을 뜰 수가 없다. 오토바이 뒤에 실은 개인 짐을 모두 비닐 포장한 이유를 이해하였고, 각기 여권도 비닐로 총총 싸매 품속에 품었다. 또한 밀림을 가로질러 흐르는 시냇물 때문에 진행하지 못하리라 생각하고 있는데, 운전자들이 어디서 뱃사공을 데려와서는 칠흑 같은 어둠 속에서 나룻배로 오토바이와 사람들을 시냇물 건너편에 내려놓았다.

출발한 지 무려 8시간이 흘렀는데도, 새벽이 된 것 같은데도 기니 국경 검문소는 나타나지 않고 비는 계속 억수로 쏟아진다.

결국 약 8시간 내내 오토바이에 탑승하여 지옥 같은, 상상도 못 한 험한 길을 달려서 기니(Guinea)의 키소마야(Kissomaya) 입국 사무소에 도착했다.

너무 초라한 검문소, 칠흑 같은 어둠 속 폭우와 졸고 있는 전등이 이방인을 반갑게 맞이한다. 반갑게 방문객들을 맞이하는 검사관에게 사전 입국 기니 비자를 제출하니 한국 여권에 친절하게 날인해준다.

기니(Guinea Kissomaya),
2024. 10. 24. 입국 날인

이제 목적지인 기니의 보케 (Boke)에 다 왔거니 생각하니 엄청난 피로가 몰려오고 있는데, 아직도 약 1시간 30분을 더 달려야 한다고 한다. 결국 달리던 다른 일행의 오토바이가 운행 불능 상태가 되었다. 그래서 한 대의 오토바이에 나와 일행과 운전자 포함해서 4명이 탑승하여 고난의 행군을 계속하여 보케에 도착했다.

소개한 숙소에서 나는 물론이고 동행한 젊은 아프리카인들도 모두 쓰러져 장시간 입실을 못 하였다. 잠시 후에 정신을 차려보니 무려 약 8시간을 물도 못 마시면서 지옥 같은 울퉁불퉁한 오솔길, 폭염, 폭우와 울창한 밀림을 오토바이에 탑승해서 질주했다는 사실이 믿기지 않았다. 검은 대륙 아프리카를, 그것도 약 8시간 동안 오토바이에 탑승하여 양국 국경을 통과했다는 경험으로 앞으로의 아프리카 여정에 자신감을 얻었다는 안도감에 깊은 잠에 빠졌다.

3) 코나크리로 이동

하루 동안 충분한 휴식을 취하고, 기니의 보케(Boke)에서 가까운 거리에 위치한 수도인 코나크리(Conakry)로 발걸음을 옮겼다.

제3장

12. 기니(Guinea)

기니는 아프리카의 서쪽 끝 대서양 연안에 있는 공화국이며 '기니'라는 이름은 '흑인의 땅'을 의미한다.

열대 몬순 기후로 고온 다습하다. 종교는 대부분 이슬람교를 믿고, 커피, 카카오, 바나나 등의 작물과 금, 철광석, 보크사이트 등의 지하자원이 풍부하다.

1) 코나크리(Conakry)

기니의 수도로 정치, 경제, 문화의 중심지이다.

그랜드 모스크(Grande Mosque de Conakry)

님바 기니 동상(Statue Nimba Guinea), 가면

주위가 온통 오토바이와 사람들로 혼잡을 이룬다. 공용 이동 수단이 잘 보이지 않아 할 수 없이 손을 흔들어 지나가는 오토바이에게 신호를 보내니 여기저기서 몰려든다. 무작위로 선택해 목적지를 말하고 오토바이 뒷좌석에 앉았으나 헬멧도 주지 않고 무작정 도로 사정이 안 좋은 길을 질주한다. 여기저기서 대인 사고가 나지만 대수롭지 않게 바라본다. 오토바이가 이곳의 대중 교통 수단이라 하며, 간혹 택시가 있지만 방향이 같은 사람들만 태우려고 무작정 기다리다 인원이 차면 출발한다 한다.

물동이에 물을 붓고 있는, 아기를 업은 모녀 상(像)

녹슬지 않은 철길

정박 중인 기니의 어선(魚船)들

어(魚)시장 경매 풍경

2) 이동 경로에 대한 고민

　다음 행선지를 놓고 약간의 고민이 생겼다. 그 이유는, 이곳 코나크리에서 육로 국경을 통과해서 이웃 나라인 코트디부아르로 갈 수도 있고, 거리도 가까운 이웃 나라인 시에라리온을 택할 경우는 필히 라이베리아 국경을 거쳐야만 코트디부아르로 갈 수가 있다. 그런데 우리나라 외교부 공지에 비추어 보면 라이베리아의 사전 입국 비자 문제가 불확실하다. 그렇다고 시에라리온으로만 가면, 북쪽에 국경을 접한 기니를 다시 통과해야 하기에 대사관에서 사전 입국 비자를 필히 다시 받아야 한다.

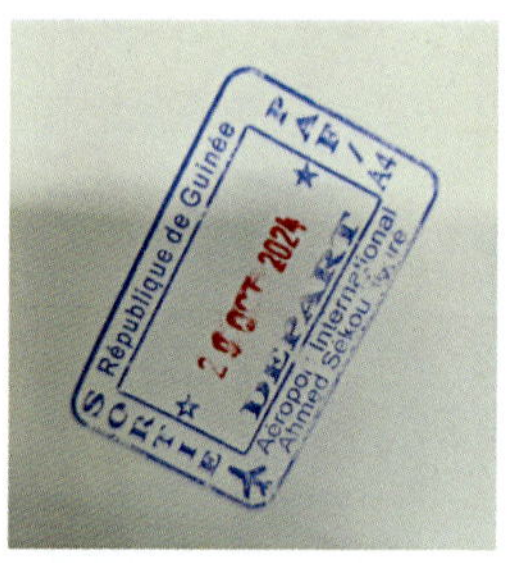

기니(Guinea) 출국 날인

　더욱이 장시간 여기까지 걸어서 오느라고 너무 피곤하기에 잠시 편안한 여정이 필요하다. 또한 이웃 나라인 코트디부아르의 아비장(Abidjan) 여정은 오랫동안 정치적 내란 분열로 기니와의 국경 지역은 위험 지역이라 하늘길을 택하였다.

코나크리(Conakry) → 다카르(Dakar) → 코트디부아르의 아비장(Abidjan)

13. 코트디부아르(Cote d'Ivoire, Ivory Coast)

코트디부아르(프랑스어, Cote d'Ivoire)는 아프리카(Africa) 초원에서 사
냥한 아프리카 코끼리의 상아를 유럽으로 반출하던 프랑스 식민
지의 항구에서 유래된 프랑스어로, 상아해안(象牙海岸)을 의미하는
국호다. 이전에는 영어로 아이보리 코스트(Ivory Coast)로 불리었다.
얼마 전까지 정치적 분열로 내전이 오랫동안 진행되었다고 한다.

수도는 야무수크로(Yamoussoukro)인데 이곳은 정치적 수도이고,
경제적 수도는 아비장(Abidjan)이다.

민속 목(木)제품 인형들

전통 민속 탈

1) 아비장(Abidjan)

코트디부아르의 최대 도시로 경제적 수도이다.

형체를 전부 조개껍질로 붙여 만든 민속 탈

아비장 동물원(Zoo d'Abidjan)의 거북이(tortue)

아프리카 대머리 황새(marabout)

RESTAURANT Chez ARIRRRRR AROUNA LE PETROLIER
Poulet piqué
Poulet braisé

시장 내의 장작불 닭, 생선구이 집

거리의 꽃 시장

아프리카의 나무에 활짝 핀 빨간 꽃

2) 가나 비자 발급

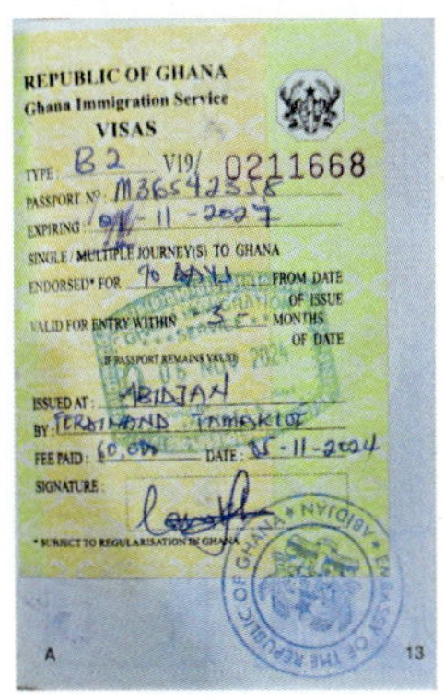

아비장은 경제 수도이지만 각국 대사관
도 위치하고 있다. 육로로 이웃 나라인 가
나(Ghana)로 발걸음을 돌리기 위해 가나 사
전 입국 비자를 받으러 대사관을 방문하
여 비자를 취득하였다.

3) 가나행 버스

아비장 국제 버스 터미널에서, 동으로 동으로 가나(Ghana) → 토
고(Togo) → 베냉(Benin) → 나이지리아(Nigeria)의 라고스(Lagos)까지
연결 운행하는 국제 버스를 탈 수가 있다.

외국인은 국제 버스에 탑승하여 국경을 통하면 목적지 도착 혹
은 경유하더라도
필히 사전 입국 비
자가 필요하다. 토
고와 베냉은 전자
비자만 취급한다.

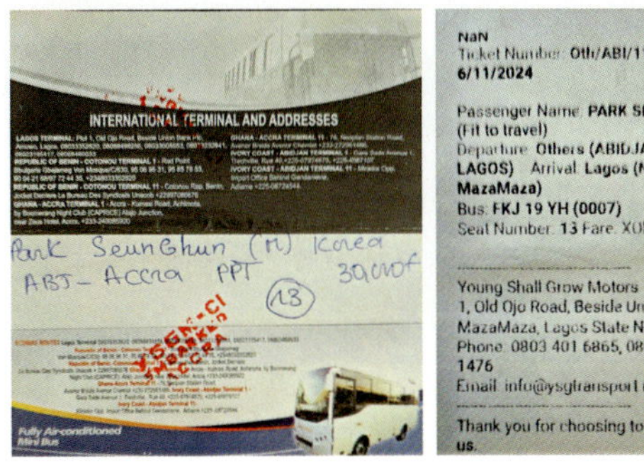

아비장(ABJ) → 가나 아크라(Ghana Accra) 버스표

내가 탄 국제 버스는 최종 목적지가 나이지리아의 라고스(Lagos)이다. 그래서 나는 첫 번째 국경을 통과하여 가나의 수도 아크라(Accra)에서 잘 내려야 한다.

밤새 달려서 새벽이 되어 짙은 어둠이 깔린 한적한 정류장에 도착했으나, 주위에 불빛도 없고 다른 차들도 하나도 보이지 않았다. 막막하다. 다행히 조는 듯한 불빛 아래 몇몇 검은빛의 젊은 이들이 나무 탁자에 모여 앉아 있었다. 상황을 그들에게 설명하니, 지금은 택시가 없다고 차를 가진 친구를 불러서 숙소까지 바래다준다. 너무 고맙다. 만약 노상에서 노숙하여야 한다면 매우 위험하다. 검은 대륙 아프리카 여행에는 너무 많은 변수가 발생한다.

국경 노에(Noe)와 가나의 에루보(Elubo) 사이의 국경 풍경

가나(Ghana)입국 날인

14. 가나(Ghana)

가나는 서아프리카 기니만(Gulf of Guinea)과 대서양에 면한 나라
다. 동쪽으로는 토고, 서쪽으로는 코트디부아르, 북쪽으로는 부
르키나파소에 국경을 접하고 있다.

'가나(Ghana)'라는 이름은 '전사 왕'이라는 뜻이라 한다. 종교로
는 기독교를 대부분 믿지만 이슬람교도 다수 믿으며 또한 토착신
앙도 존재한다.

1) 아크라(Accra)

가나의 수도이자 최대의 도시이며 서아프리카에서 가장 발전
한 도시로, 현지어로 '개미'란 의미에서 그 이름이 유래되었다고
한다.

National Museum Gallery의 민속화 작품들

방아 찧는 여인들 조각품

❶ 북을 치는 원주민 조각   ❷ 개미집
❸ 흙(Terracotta)으로 빚은 말과 낙타 형상을 탄 고대인(AD 6세기 작품)
❹ 전통적 생활 도구들

레곤(Legon)식물원, 나무에 꽃 핀 듯한 새 떼

가나 아크라 종교적 성지(Ghana National Mosque)

2) 토고 국경 통과

옆 나라 토고(Togo)행 국제 버스에 몸을 실었다.

토고는 오직 전자비자(E-VISA)를 운용하고 있어 전자 시스템을

이용하여 약 5~6일 걸려 비자를 취
득하였다. 핸드폰으로 비자 발급 진
행 상황을 확인할 수 있고 인증도
핸드폰으로 사증을 받았고, 출력도
하여 따로 인증 서류도 준비하였다.

그런데 육로 국경 통과 시 문제가
발생하였다. 먼저 가나 국경 통과

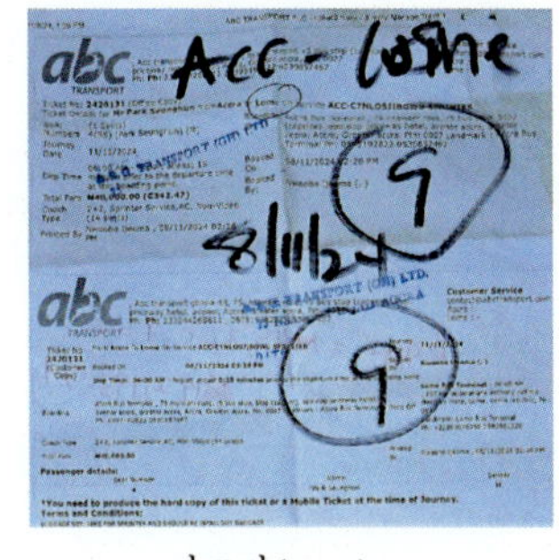

아크라(Accra) →
토고 로메(Lome)행 버스표

시, 출국사무소에서 상대 국가인 토고(Togo)에 대한 사전 입국 비
자를 보여달라 한다. 의아하게 생각하며 E-VISA 서류를 보여주
니 전자비자는 공항 입국시에만 가능하다고 한다.

그러면서 가나 출국 날인을 미루고, 인접한 여행국 토고 입국
사무소로 데려간다. 그리고 입국 검사관과 상황을 상의하더니
약간의 시간이 흐른 뒤에 허가가 나왔다고 다시 가나 출국사무
소로 돌아왔다. 그런 후 출국 인증을 하는 검사관이 'Korea'에
대한 배려라 하며 출국 날인을 해준다. 다시 토고 입국사무소로
와서 입국 허가를 여권에 받았고 E-VISA 서류는 입국사무소에

반환하였다.

잘못하면 오도 가도 못 한다. 왜냐하면 토고 입국 거부가 되면, 가나의 비자가 단수 여행비자라서 한 번 출국하여 되돌아오려면 어디서 재입국 비자를 받을 수 있을까?

상상할 수가 없다. 가나 검사관의 고마운 배려에 발걸음이 가볍다.

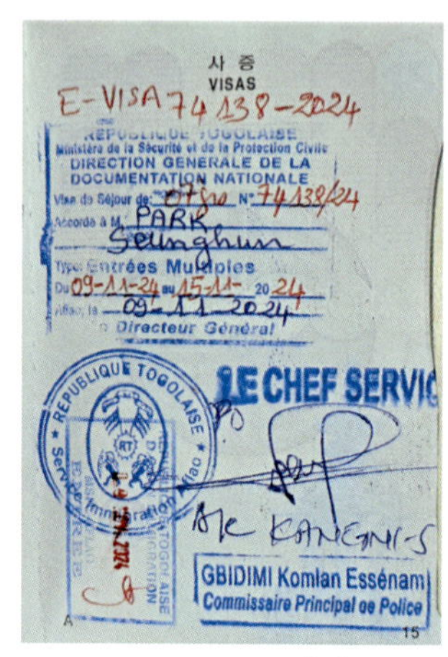

TOGOLAISE 인장

가나(Ghana)와 토고(Togo)의 국경 표식 건물

토고는 기니만(Gulf of Guinea)에 접한 나라로 열대 사바나성 기후를 가지고 있으며 수도는 로메(Rome)이다.

씨흐귤레흐(Seeghguleh)교차로의 구조물

1) 로메(Lome)

　토고의 수도로 기니만에 접하고, 토고의 중심이 되는 항만이 있으며 공업의 중심지이다. 주요 수출품으로는 원두커피, 코코아, 파파야 등이 있다. 토고의 최남단에 위치하고 있으며, 서쪽은 바로 가나와 국경이 접해 있다.

❶ 번화가 '십자가와 예수 상'
❷ 너무 과적한 승합차 모습
❸ 해변가의 야자수 밑에서
　 휴식을 즐기는 시민들

해변에서 전통복을 입고 놀이를 하는 학생들

아코데시와 주물(Akodessawa fetish) 시장, 다양한 주술적 제품들과 실제 동물들의 사체와 가죽 제품들

전통 옷을 파는 가게

시내에 위치한 목제품 생활 용구를 파는 가게

2) 베냉, 나이지리아 대신 상투메프린시페로

토고에서 다음 행선지로 베냉, 나이지리아로 발걸음을 옮기는 것이 당연시되나, 비자 문제도 있고 나의 직업상 선박 기관장 시절 베냉, 나이지리아를 방문한 적이 있어서 가까운 거리에 있는 섬나라인 상투메프린시페(Sao Tome and Principe)로 어렵게 발길을 디뎠다. 입국 비자는 아프리카에서 몇 안 되는 면제국이다.

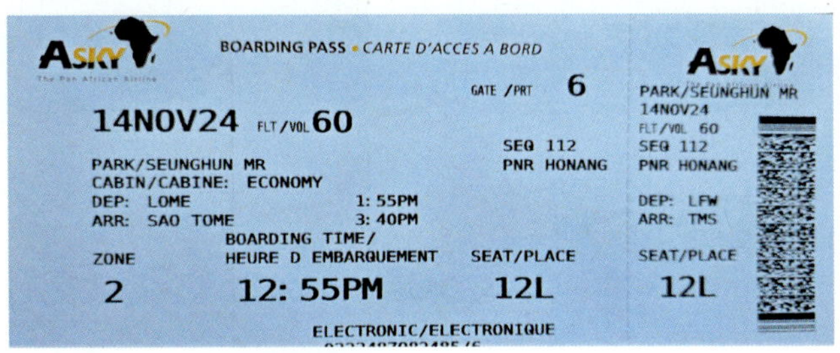

로메(Lome) → 상투메(Sao Tome)

상투메프린시페는 중앙아프리카 기니만에 위치한 섬나라이며 상투메와 프린시페 두 개의 섬과 여러 군소 도서로 이루어져 있고 수도는 상투메섬에 있는 상투메이다. 아프리카 적도 부근에 위치하고 있고, 종교로 대부분 기독교를 믿는다. '상투메'는 포르투갈어로 '성(聖) 토마스'를 뜻하며 '프린시페'는 '역사 속 왕자'를 뜻한다고 한다.

아이 러브 상투메프린시페(STP) 조형물

1) 상투메(Sao Tome)

수도로 상투메섬에 위치하여 있으며 토착어와 함께 포르투갈어를 사용하고 국민의 상당수가 문맹 상태이다.

해변가에서 물놀이하는 아이들

아름다운 해변에 난파한 흉물스러운 폐선박

상투메의 박물관 광장에 위치한 포르투갈 방문자, 선교자들 동상

선인장이 담장인 한가로운 농장 풍경

2) 앙골라로 이동

섬나라에서 검은 대륙 아프리카로 다시 땅을 밟으려고, 검은 대륙 남서부 근거리에 위치한 앙골라(Angola)로 발길을 돌렸다.

앙골라는 대한민국 일반 여권 소지자의 경우 30일간 무사증 입국이 가능하다.

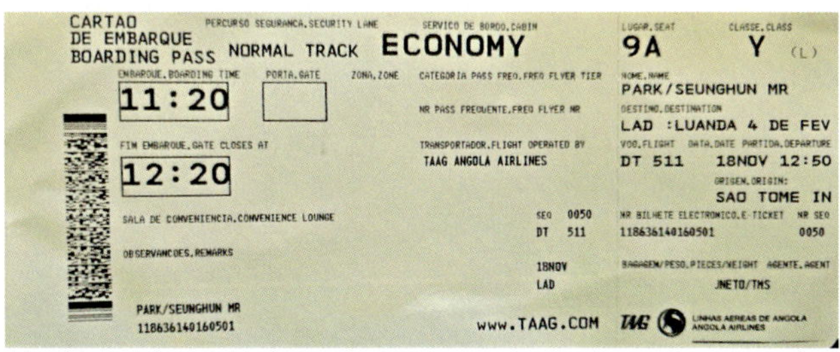

상투메(Sao Tome) → 앙골라 루안다(Luanda)

제4장

검은 대륙, 적도를 따라
중앙아프리카의
자연과 동물들의 천국으로
발길을 돌리다

17. 앙골라(Angola)

앙골라는 남부 중앙아프리카에 위치하고 있으며, 서쪽 해안으로 남대서양과 접하고 북쪽은 콩고민주공화국(Democratic Republic of the Congo), 남쪽으로는 나미비아(Namibia), 동쪽으로 잠비아(Zambia)와 접하고 있다.

원유와 다이아몬드 등의 자연 자원이 풍부하며 기독교 국가이다. 수도이자 최대 도시는 루안다(Luanda)이다.

1) 루안다(Luanda)

수도이며 루안다에는 항구가 있다.

주요 수출품으로는 커피, 면화, 설탕, 소금, 철, 다이아몬드 등이 있다. 앙골라 국내에서 진행 중인 군사 충돌에 의해서 경제에 어려움을 겪고 있다 한다.

루안다 시내 거리 풍경

시내 공원에 나들이 나온 아름다운 새들

❶, ❷ 박으로 만든 전통 타악기

❸ 전통 민속 탈을 표현

루안다 근교의 자연현상으로 이루어진 풍경

2) 나미비아 국경으로

이곳에서 남쪽 나라 나미비아(Namibia)로 발길을 옮기기 위해, 우선 앙골라 국경 도시인 산타 크라라(Santa Clara)행 버스에 몸을 실었다.

나미비아 입국 비자는 육로 통과 시 국경에서 일정 비용과 목적지 숙소에 대한 정보 등으로 허가를 받을 수 있다.

앙골라의 산타 크라라에서 출국 도장을 받고 앙골라를 출국, 나미비아 입국 사무소로 발길을 옮겼다.

루안다(Luanda Gamek) →
산타 크라라(Santa Clara)

국경의 한가로운 초가(草家) 마을

국경 마을 풍경

나미비아(Namibia) 국경 지역인 오시칸고(Oshikango)라는 곳에서
입국 비자를 받았다.

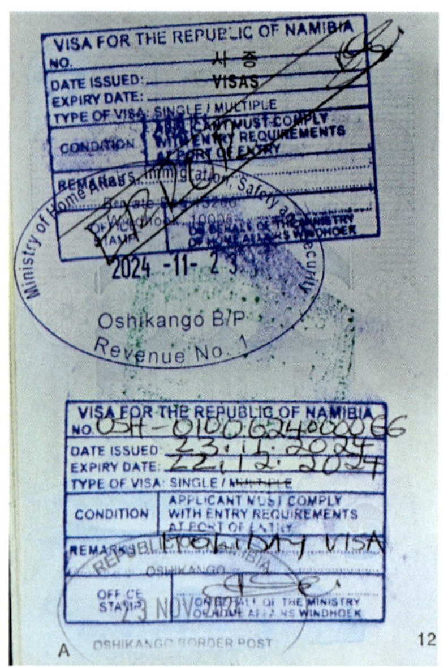

Oshikango B/P 입국 날인

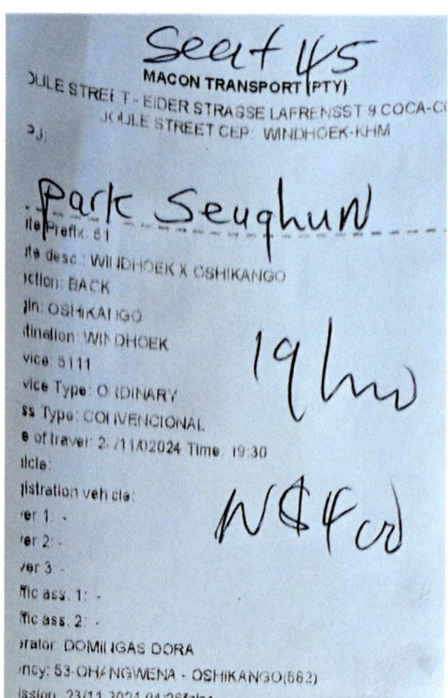

Oshikango →
나미비아의 빈트후크(windhoek) 버스표

18.　나미비아(Namibia)

나미비아는 남아프리카에 있는 공화국으로 북쪽에 앙골라와 잠비아, 동쪽에 보츠와나와 짐바브웨, 남쪽에 남아프리카공화국과 국경을 접하고 있다.

나미브 사막의 이름을 따서 '나미비아'로 이름을 만들었다 한다. 역사적으로 1884년부터 외부로부터의 끊임 없는 독립 분쟁으로 아픈 역사가 있다고 한다.

1) 빈트후크(Windhoek)

나미비아의 수도로 해발 1,780m의 고원 지대에 위치한 도시로서 사막기후를 지닌다고 하며, 지명의 의미는 '바람이 불어오는 방향'을 뜻이라 한다. 개신교가 90%를 차지하고 있다.

크리스투스키르체(Christuskirche) 교회 전경

나미비아 독립 기념 박물관(Independence Museum), 전통 생활 용구 전시물들

독립 투쟁에서 희생된 영령들을 표현한 유화

독립의 의지를 기념하여 형상화한 조형물

2) 코이산족(부시맨) 마을 방문

나미비아의 원주민인 코이산족(Khoisan, 부시맨) 마을을 방문하기 위하여 그루트 폰테인(Grootfontein)으로 발걸음을 옮겼다.

코이산족(Khoisan, 부시맨), 불(火)을 만드는 작업

코이산족(Khoisan, 부시맨)과 함께

민속춤을 추는 원주민들

3) 잠비아로 이동

그루트 폰테인(Grootfon-tein)에서 동쪽 나미비아 출국사무소가 있는 카티마 물릴로(Katima Mulilo)로 이동하여 출국 인증을 받았다.

잠비아(Zambia)의 빅토리아 폭포(Victoria Falls)가 있는 리빙스톤(Livingstone)으로 가려는 여정 때문이다.

또한 같은 지역인 잠비아의 카티마 물릴로(Katima Mulilo) 입국사무소에서 무비자로 입국 인증을 받았다.

그리고 버스 정류장이 있는 세세케(Sesheke)에서 리빙스톤(Livingstone)행 버스에 몸을 실었다.

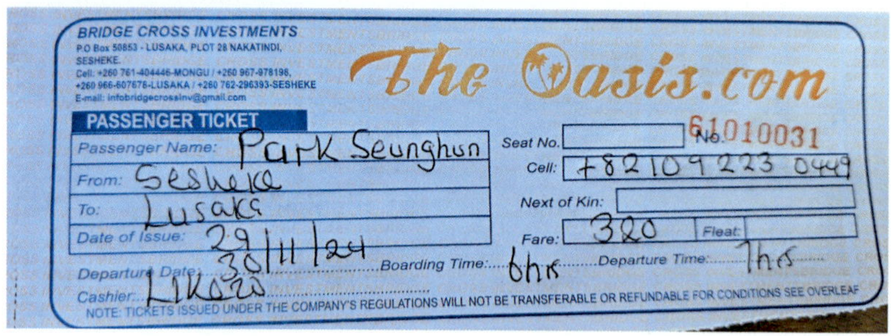

19. 잠비아(Zambia)

잠비아는 아프리카 남부의 내륙국으로 고(高)평원이며 산 지대 뿐만 아니라 강과 계곡도 많이 있다.

잠비아라는 이름은 남쪽 국경선을 따라 흐르는 잠베지강(Zambezi River)에서 유래했다고 한다. 또한 잠베지강은 세계에서 가장 큰 폭포인 빅토리아 폭포(Victoria Falls)가 위치하고 있는 곳이다.

수도는 루사카(Lusaka)이다.

1) 리빙스톤(Livingstone)

잠비아 남동부에 위치한 도시로 잠베지강 좌안과 짐바브웨(Zimbabwe) 국경 인근에 위치하며 빅토리아 폭포에서 북쪽으로 약 10km 떨어져 있다.

무지개가 생긴 빅토리아 폭포(Victoria Falls)

빅토리아 폭포(Victoria Falls)

빅토리아 폭포 다리(Victoria Falls Bridge)

유럽인 탐험가 데이비드 리빙스톤 동상(Statue of David Livingstone)

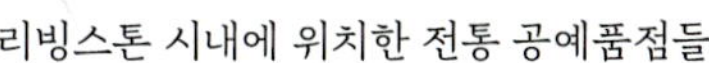

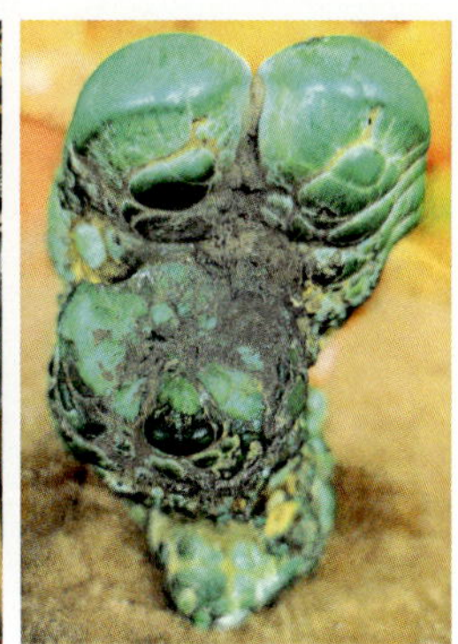

리빙스톤 시내에 위치한 전통 공예품점들

2) 짐바브웨 입국사무소로

리빙스톤에서 승용차를 이용하니, 근접 거리의 잠비아 국경을 거치고 난 후 잠비아와 짐바브웨 국경선인 빅토리아 폭포 다리(Victoria Falls Bridge)를 건너 짐바브웨(Zimbabwe) 입국사무소에 데려다준다.

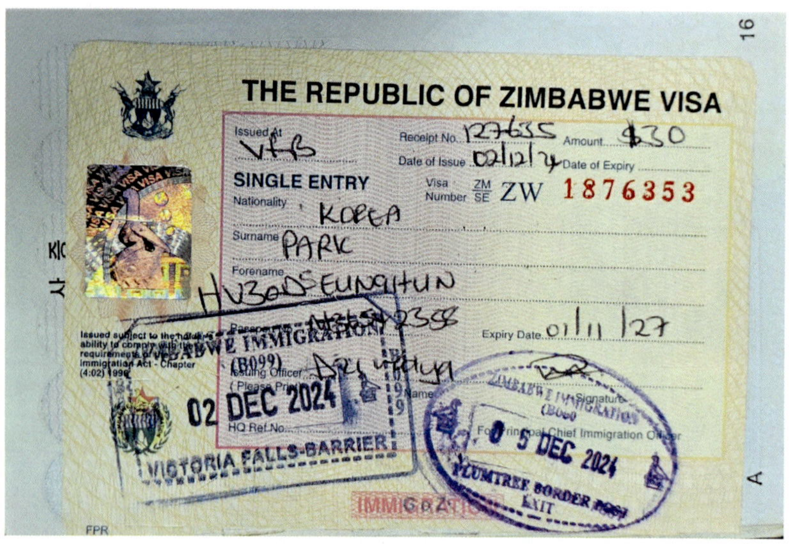

빅토리아 폭포는 잠비아강을 따라 잠비아와 짐바브웨 양국에 걸쳐 있어, 조망 지역에 따라 느낌도 조금 다를 것 같다.

20. 짐바브웨(Zimbabwe) ------------------------------

　　짐바브웨는 남아프리카의 내륙국으로, 잠베지강과 림포포강 사이에 위치해 있다. 종교의 자유가 있어서 기독교, 이슬람, 전통 종교를 믿고 있다. 영어가 공용어로도 쓰이고 있고 미국화(달러)가 일반적으로 사용되고 있다.

　　짐바브웨는 전 지역이 사바나로 덮여 있고, 이 나라의 별칭인 '동물의 왕국'에 걸맞게 많은 동물들이 서식하고 있다.

　　수도는 하라레(Harare)이다.

1) 빅토리아 폭포(Victoria Falls)

　　잠비아에 이어 짐바브웨에서도 빅토리아 폭포를 조망하였다.

2) 빅토리아 폴스(Victoria Falls)

국경 도시로, 이곳을 출발하여 남쪽 도시 불라와요(Bulawayo)를 따라 이웃 나라 보츠와나의 가보로네(Gaborone)로 발길을 옮길 수가 있다.

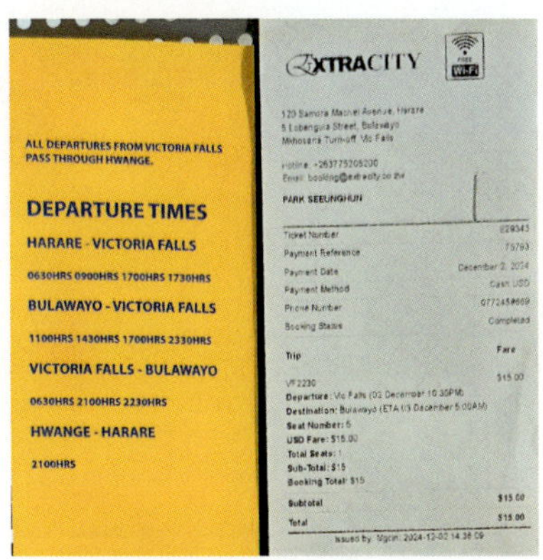

빅토리아 폴스(Victoria Falls) →
불라와요(Bulawayo)행 버스표

3) 불라와요(Bulawayo)

집바브웨 서남부에 있으며 해발고도 1,300m 지점에 위치한다. 이곳에서 다음 행선지인 보츠와나(Botswana)로 이동할 수가 있다.

마토보 국립공원(Matobo National Park)

❶, ❷ 마토보 국립공원(Matobo National Park)

❸ 보라빛의 꽃이 만발한 나무

4) 보츠와나 국경으로

불라와요를 출발하여 국경 검문소가
있는 플럼트리(Plumtree)로 발길을 돌려
짐바브웨 국경을 통과하였다.

플럼트리(Plumtree)
출국 국경 인장

목적지는 보츠와나(Botswana)의 프랜
시스 타운(Francistown)이란 곳이다. 이곳
에서 북쪽에 위치한 초베(Chobe) 국립공
원에 가기 위함이다.

보츠와나(Botswana)의 국경 검문소에
서 Ramokgwebana란 국경 지역의 입국
날인을 받았다. 무비자 입국이었다.

입경 후에 친절한 현지인의 도움으로 약 1시간 거리의 프랜시스
타운으로 발걸음을
옮길 수가 있었다.

보츠와나 입경 날인(Ramokgwebana)

21. 보츠와나(Botswana)

보츠와나는 아프리카 남부에 있는 내륙 국가로 영토의 대부분이 칼라하리 사막이기에 인구가 적다.

수도는 가보로네(Gaborone)이다.

1) 프랜시스 타운에서 초베 국립공원으로

프랜시스 타운(Francistown)에 여장을 풀고 난 후에 버스로 초베 국립공원이 있는 카사네(Kasane)로 발길을 옮겼다.

초베 국립공원(Chobe National Park)은 보츠와나의 북쪽에 위치한 곳으로, 첫 번째 국립공원이자 생물학적으로 가장 다양한 곳이다.

먹이 활동하고 있는 하마(hippo)

❶ 초베 공원의 강변 풍경
❷ 초베 공원의 사자(lion) 가족
❸ 초베 공원의 이동 중인 코끼리(elephant) 가족
❹ 아프리카 부리 황새(stork) 무리

　여기를 관람하다 갑작스런 폭우에 나의 핸드폰이 강물에 빠져 버리는 일이 일어났다. 절망감 속에 현지인들이 2일간 악어 떼들을 긴 막대기로 쫓아내면서, 4~5명이 물속을 걸어 수색 후에 나의 핸드폰을 찾아주었다. 매우 감사의 표시를 하면서, 작동 검사 후 이상 없다고 엄지 척을 하였더니 물속에서 하루를 견디어낸 '삼성' 제품에 모두 감탄한다.

물소(water buffalo) 뒤에 숨은 학

2) 수도 가보로네로 이동

감동적인 초베 국립공원을 뒤로하고 카사네에서 수도인 가보
로네로 향하였다.

카사네 도심의 공예품점

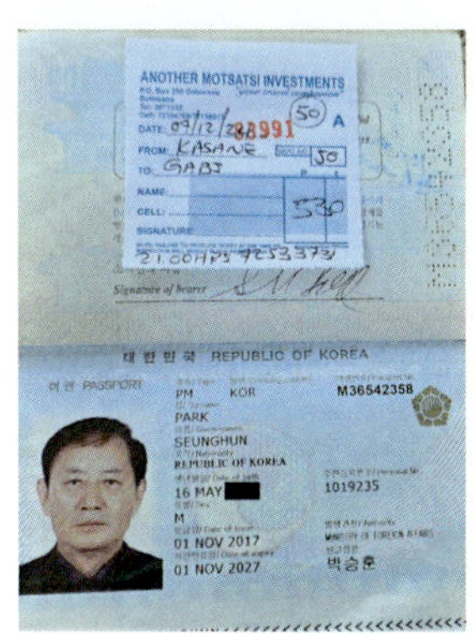

카사네(Kasane) →
가보로네(Gabj) 버스표

3) 가보로네(Gaborone)

아프리카 남부에 있는 보츠와나의 수도이다.

남아프리카공화국, 사법 도시인 블룸폰테인과의 접경 지대로부터 약 15㎞ 떨어져 있다.

가보로네 시외 종합 버스 터미널 풍경

모콜로디(Mokolodi) 자연보호 지역의 코뿔소 가족

아프리카 독수리

모콜로디 자연보호 지역의 기린

4) 남아프리카공화국 요하네스버그로 이동

검은 대륙 아프리카 종단의 끝인 남아프리카공화국의 케이프타운(Cape Town)을 향하여, 이곳에서 국제 버스에 몸을 실어 남아프리카공화국(South Africa)의 요하네스버그(Johannesburg)로 발걸음을 옮겼다.

요하네스버그에서 케이프타운(희망봉)행 국내 버스를 쉽게 이용할 수 있다고 많은 현지인들이 이야기한다.

가보로네(Gaborone) →
요하네스버그(Johannesburg)

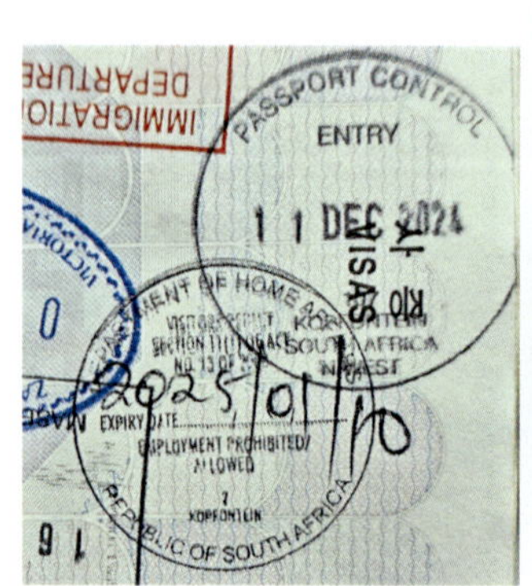

남아공 코프폰테인(Kopfontein)
입국 날인

제5장

검은 대륙 종단의 끝인
희망봉(Cape of Good Hope)을
향하여 걷다

22. 남아프리카공화국(South Africa)

남아프리카공화국은 아프리카 대륙 최남단에 자리한 공화국이다. 국민의 80%는 흑인 혈통이며, 다양한 아프리카계 언어들을 사용하는 민족과 약 20%의 유럽계 백인들과 소수의 아시아인들로 구성된 기독교 국가이다.

1) 요하네스버그(Johannesburg)

남아프리카공화국의 최대 도시이다.

Johannesburg에 도착한 이곳 정류장에서, 용이하게 국내 버스를 이용하여 케이프타운(Cape Town)으로 발길을 옮길 수가 있었다.

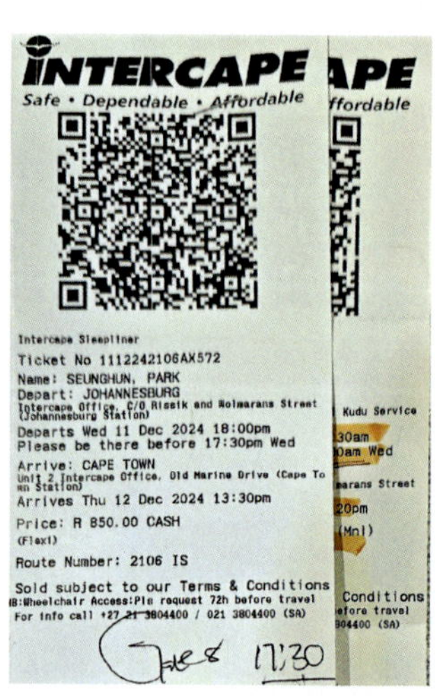

Cape Town행 버스표

케이프타운(Cape Town) 가는 길의 풍경

2) 케이프타운(Cape Town)

남아프리카공화국의 입법 수도로 도시의 배후에는 테이블 산이 있으며, 부근에 희망봉(Cape of Good Hope)이 있다. 과거 대항해 시대, 바다 사나이들이 거친 파도를 이겨내고 항해(航海)의 희망을 품은 희망봉을 바라보며 유럽(Europe)과 아시아(Asia)를 왕래하였고 역시 나도 직업상 여러 차례 통과한 경험이 있다. 그러나 이번에는 걸어서, 검은 대륙 아프리카를 종단하여 최남단 이곳 희망봉(Cape of Good Hope)에 우뚝 섰다.

시내 거리에서 민속춤을 추는 어린이들

환영하는 무용단

중심가의 공예품점 거리

볼더스 비치(Boulders Beach)의 펭귄(penguin)

각자의 집에서 휴식을 취하는 펭귄들

희망봉 가는 길, 들판의 아름다운 광경

멀리 케이프타운이 보이는 해변의 풍경

숲속에서 자유롭게 거니는 타조들

드디어, 검은 대륙 아프리카의 북동쪽 끝단인 이집트에서부터 지중해를 에둘러, 북서쪽 끝단인 모로코에서 대서양을 끼고 발길을 남으로 남쪽으로 돌려 중앙아프리카를 걷고 걸어서 이곳 아프리카 대륙 최남단인 케이프타운의 희망봉(Cape of Good Hope)'에 우뚝 서서 뒤돌아보니 20여 개국을 거쳤다.

희망봉(Cape of Good Hope)에 서다

케이프타운반도

희망봉 등대

제6장

새로운 문화의
동아프리카를 향하여
발걸음을 옮기다

1) 레소토로 이동

케이프타운에서 남아프리카 공화국에 둘러싸여 있는 내륙 국가인 레소토(Lesotho)로 행보하기 위하여, 남아프리카공화국의 국경 지역인 레이디 브랜드(Ladybrand)로 발길을 돌렸다.

케이프타운(Cape Town) →
레이디 브랜드(Ladybrand)행 버스표

레이디 브랜드에서 레소토(Lesotho)로 가는 레소토 원주민들과 함께 승합차를 타고 국경 지역인 마세루(Maseru)로 이동하였다(비자 면제국).

마세루 브리지(Maseru Bridge), 레소토

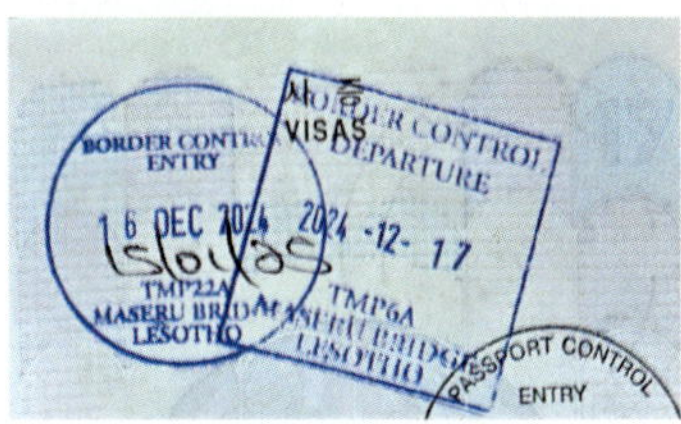

Lesotho 입국 날인

2) 레소토 입국

레소토는 아프리카 남부, 남아프리카공화국의 국토에 둘러싸
인 내륙국이다. 국명인 레소토(Lesotho)는 소토어로 '소토족의 나
라'를 뜻한다. 수도는 마세루(Maseru)이다.

절리의 절벽과 협곡이 어우러진 풍경

이방인에게 민속춤을 선물하는 원주민 여성들

전통 모자를 파는 점포

원주민이 거주하는 가옥

절벽에 핀 아름다운 꽃 무리와 양(羊) 떼

이곳 마세루에서 다음 행선지인 에스와티니(Eswatini)로 발걸음을 옮기기 위해서는, 육로로 남아프리카공화국을 반드시 다시 통과해야만 에스와티니로 갈 수가 있다. 에스와티니의 옛 이름은 스와질랜드(Swaziland)다.

Lesotho 출국 거리

남아프리카공화국의 요하네스버그를 경유하여 육로 출국 국경인 Oshoek Border로 이동하였다.

비자(visa) 면제국이라 쉽게 에스와티니(Eswatini) 육로 입국 국경인 Ngwenya Border를 통과하였다.

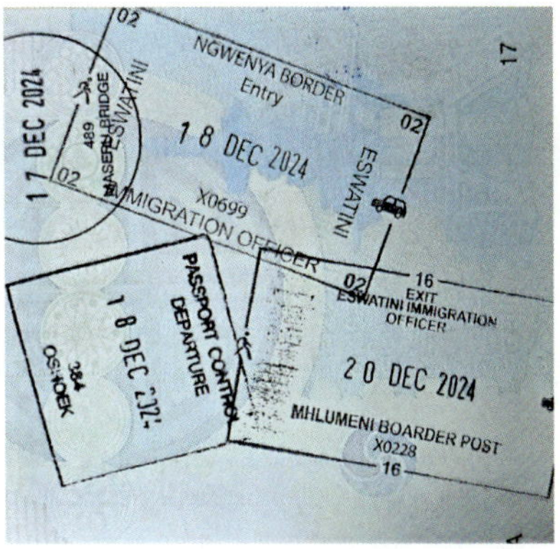

자동차 표시가 새겨진 국경 통과 인증 날인

 에스와티니(Eswatini)

에스와티니는 아프리카 남부, 남아프리카공화국과 모잠비크 사이에 위치한 에스와티니 왕국(Kingdom of Eswatini)으로 군주제 국가이다. 2018년 이전까지의 국명은 스와질랜드(Kingdom of Swaziland)였다.

'에스와티니'는 스와티어로 '스와티족의 땅'을 뜻한다. 행정 수도는 음바바네(Mbabane)이고, 주로 스와티인(人)들로 구성되어 있으며 가장 널리 보급된 언어는 스와티어(語)이다.

1) 음바바네(Mbabane)

음바바네강과 음딤바 산맥에 있는 강의 지류에 있으며 수도이다.

원주민 거주 가옥

밀와네 와일드 라이프 생추어리 자연보호 구역(Milwane Wildlife Sanctuary),
강에서 유유히 노니는 악어와 주위 경관

에스와티니의 자연보호 구역에 있는 전통 숙박 가옥들

농촌에 필요한 도구를 손으로 만들어 파는 점포

2) 모잠비크로 이동

대륙의 남동쪽 끝단에 위
치한 모잠비크(Mozambique)
로 이동하기 위하여, 육로
교통편을 이용하여 이곳
음바바네에서 Mhlumeni
Border로 이동하였다.

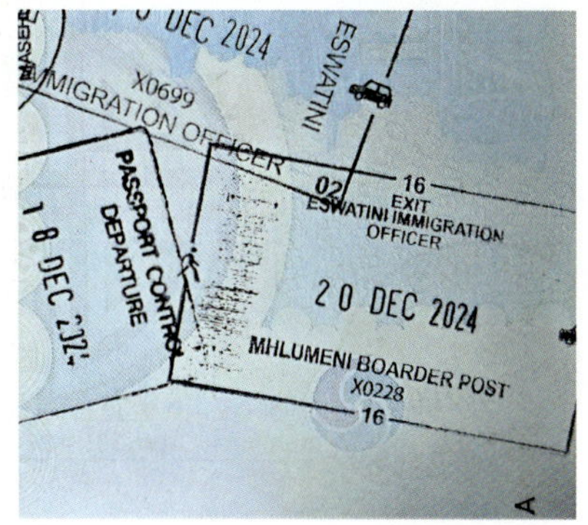

이웃 나라 모잠비크(Mozambique)의 국경인 고바(Goba)를 통과하
여 수도인 마푸토(Maputo)로 발길을 옮겼다.

25. 모잠비크(Mozambique)

모잠비크는 아프리카 대륙 남동부에 있는 나라다. 동쪽으로는 인도양, 북쪽으로는 탄자니아, 북서쪽으로는 말라위와 잠비아, 서쪽으로는 짐바브웨, 남서쪽으로는 남아프리카공화국 및 에스와티니와 접한다. 주요 수출품은 천연 광물로 광업과 농업이 대부분을 차지한다.

1) 마푸토(Maputo)

모잠비크의 수도이다. 인도양에 위치한 항만이며, 모잠비크의 경제는 마푸토 항구에 집중되어 있다.

남아프리카 문화의 영향을 많이 받았다고 한다.

마푸토 시내 거리의 울긋불긋한 풍경

외로운 목선을 환영하며 아름답게 핀 꽃들

물기 없는 모래땅 위에도 아름다운 꽃은 핀다

인도양(Indian Ocean)의 바닷가재와 생선들

외곽 거리 노상 점포의 풍경

2) 마다가스카르로 이동할 계획

아프리카 대륙의 끝에서 이동하여야 할 곳은 아프리카 남동쪽 섬나라 마다가스카르(Madagascar)이다. 그런데 거리로는 이곳에서 가까이 위치하여 있지만, 가는 방법은 하늘길로 남아공의 요하네스버그를 경유해야만 마다가스카르의 수도인 안타나나리보(Antananarivo)로 갈 수가 있다.

국제 버스로 요하네스버그로 가는 길, 모잠

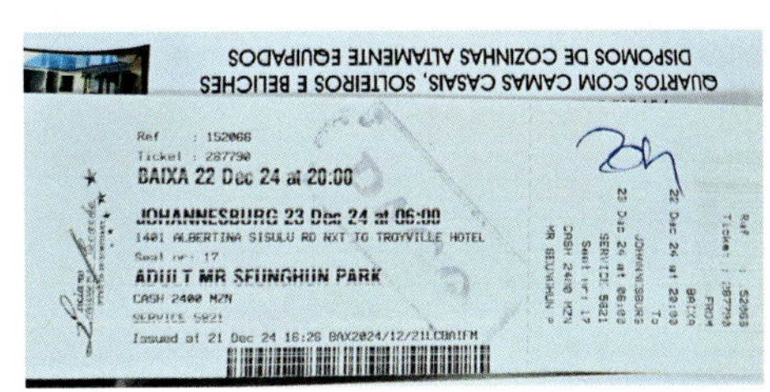

모잠비크 Baixa 버스 정류장 → 요하네스버그

비크의 국경 지역인 Ressano Garcia를
통과하였다.

R. Garcia 날인

3) 마다가스카르로 향하는 길에 말라위를 방문하기로

요하네스버그에서 다음 행선지로 섬나라인 마다가스카르로 여
정을 정하는 도중, 용이하게 갈 수 있는 말라위를 선택하여 방문
할 수가 있었다. 또한 말라위에서 하늘길로 요하네스버그를 경유
하여 섬나라 마다가스카르로 용이하게 갈 수 있다는 정보도 있
었다.

그래서 발걸음을 아
프리카 동남부에 위치
한 말라위(Malawi)로 돌
렸다.

요하네스버그(JNB) → 말라위 릴롱궤(웨)(LLW)

26. 말라위(Malawi)

　　말라위는 아프리카 동남부에 위치한 내륙국이다. 북동부로 탄자니아, 북서부로는 잠비아, 동남부로는 모잠비크에 접하여 있고, 말라위호에 의해 탄자니아와 모잠비크로 나뉘어 있다. 수도는 릴롱궤(웨)(Lilongwe)이다.

　　부존자원이 없고 농업에 집중한 구조로, 가난한 나라에 속한다고 한다.

1) 릴롱궤(Lilongwe)

　　릴롱궤강 강둑의 작은 마을에서 시작되었다고 하고 근대에는 영국 식민 행정의 중심이었다고 한다.

릴롱궤강 다리 위의 노천 시장 풍경

R&L 가메 랜치(Game Ranch) 공원의 얼룩말

❶ 아프리카 회색관 두루미(grey crowned crane)
❷ 전통놀이를 하는 원주민

주요 연료인 장작을 파는 거리 풍경

농촌의 풍경

리원데(Liwonde) 국립공원, 노루들의 뒷모습

벌거벗은 나무에 꽃만 무성하게 피었다

2) 마다가스카르로 이동

  검은 대륙에서의 여정을 마무리하며 아프리카 남동부에 위치
한, 세계에서 4번째로 큰 섬나라인 마다가스카르(Madagascar)로 발
길을 돌렸다. 직접 가는 하늘길은 없고 요하네스버그를 경유하
여 간다.

릴롱궤(Lilongwe) → 요하네스버그(JNB)

요하네스버그(Johannesburg) →
마다가스카르의 안타나나리보(Antananarivo)

마다가스카르는 아프리카 동쪽 인도양에 있는 섬나라로 세계에서 4번째로 큰 섬이다. 북부 해안에는 섬나라 세이셸(Seychelles)이, 동부에는 섬나라 모리셔스(Mauritius)가 자리 잡고 있다.

수도는 안타나나리보(Antananaribo)이다. 이 섬은 대륙과 멀리 떨어져 있어 여우원숭이 등이 이 섬에서만 서식한다.

레무르스(Lemurs) 공원의 여우(Lemur)원숭이

레무르스 파크를 끼고 흐르는 황토빛 내(川)

너무 풍부한 과일을 파는 노점상

길에서 직접 옥수수를 삶아서 파는 상인들

장난감 같은 시내 택시

바오밥나무 형상 조형물

마다가스카르의 상징인 바오밥나무 군락지가 있는 모론다바로
이동하려면 상당한 시간
이 걸리기에, 다음 행선지
모리셔스로 이동하였다.

안타나나리보(TNR) → 모리셔스(MRU)

28.　모리셔스(Mauritius)

　　모리셔스는 아프리카의 동부, 인도양 남서부에 있는 섬나라이다. 마다가스카르에서 동쪽, 인도에서 남서쪽에 위치하고 있다.
　　수도는 포트 루이스(Port Louis)이다. 온화한 열대성 기후로, 관광지로 알려져 있다.

시우사구르 람굴람 식물원(Seewoosagur Ramgoolam Botanical Garden)

시우사구르 람굴람 식물원 풍경

마헤부르그(Mahebourg) 마을 앞 해변 풍경

　검은 대륙 아프리카의 횡, 종단(橫, 縱斷) 발걸음을 25여 개국을 걷고 나서야 끝을 내고, 집으로 귀향하였다.

제7장

집으로 돌아오는 길

29. 귀국길에 경유한 국가들

1) 몰디브(Maldives)

몰디브는 남아시아 인도양에 있는 섬나라이다.

스리랑카는 남아시아의 섬나라로, 불교 국가이다.

3) 브루나이(Brunei)

브루나이는 동남아시아 보르네오 섬의 서북쪽 해안에 위치한
이슬람 국가이다.

4) 마카오(Macau)

5) 홍콩(Hong Kong)

6) 타이완(Taiwan)

대만(臺灣)이라고도 불리는 동아시아 국가이다.

7) 일본(Japan)

  이번에 경유한 곳은 일본의 최남단에 위치한 섬인 오키나와
(Okinawa)이다.

8) 대한민국(Korea)

긴 여정 끝에 대한민국 부산(Busan)으로 돌아왔다.